If you absolutely believe in yourself,
how would your life be different?

만약에 당신 스스로를 완전히 믿는다면,
당신의 삶은 어떻게 달라질까요?

You are never behind.
Where you are right now is perfect
for you to go after your passion.

당신은 절대 늦지 않았습니다.
지금 당신이 있는 곳은 당신의 열정을 쫓기에 완벽합니다.

하루 한 장
영어 일력 365

지은이 퍼포먼스 코치 리아 (Leah Jean Kim)
펴낸이 임상진
펴낸곳 (주)넥서스

초판 1쇄 인쇄 2022년 10월 5일
초판 1쇄 발행 2022년 10월 20일

출판신고 1992년 4월 3일 제311-2002-2호
10880 경기도 파주시 지목로 5
Tel (02)330-5500 Fax (02)330-5555

ISBN 979-11-6683-330-4 10740

www.nexusbook.com

원어민 MP3 무료로 다운받기

① www.nexusbook.com에서 **도서명**으로 검색하여 다운받으세요.

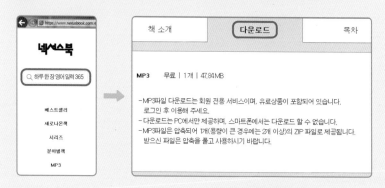

책 소개 | 다운로드 | 목차

MP3   무료 | 1개 | 47.84MB

- MP3파일 다운로드는 회원 전용 서비스이며, 유료상품이 포함되어 있습니다.
  로그인 후 이용해 주세요.
- 다운로드는 PC에서만 제공하며, 스마트폰에서는 다운로드 할 수 없습니다.
- MP3파일은 압축되어 1개(용량이 큰 경우에는 2개 이상)의 ZIP 파일로 제공됩니다.
  받으신 파일은 압축을 풀고 사용하시기 바랍니다.

② **스마트폰**에서 바로 듣기

스마트폰에 QR코드 리더를 설치하여
책 속의 QR코드를 인식하면
원어민 MP3를 바로 들을 수 있습니다.

MP3

CONTENTS

🎧 MP3 듣기

Achieving your goals is like giving the best gift to yourself.

목표를 달성하는 것은
자신에게 최고의 선물을 주는 것과 같습니다.

지은이 ───────

퍼포먼스 코치
리아 *Leah Jean Kim*

한국과 미국에서 라이프 코치와 퍼포먼스 코치로 활동하고 있습니다. 직장인 및 CEO들에게 코칭 세션을 진행하며 '성공'이나 '돈'에 상관없이 사람은 모두 '두려움'과 '용기' 사이에서 방황한다는 것을 깨달았기에 이 일력을 통해 독자들에게 자신이 얼마나 가치 있고 멋진 사람인지 전하고자 합니다. 우리 마음속 깊이 간직하고 있는 '용기', '나다움', '가슴 뛰는 목표' 등을 마음껏 꺼내 보세요.

▶ 유튜브: 언바운디드 unbounded81

◉ 인스타그램: instagram.com/leahjeankim

✉ 이메일: leahjeankim@gmail.com

저서: 〈영어 필사 100일의 기적〉

🎧 MP3 듣기

Don't live up to the expectations of others.
Live to fulfill your own expectations.

다른 사람의 기대에 부응하지 마세요.
여러분 자신의 기대를 충족시키기 위해 살아 보세요.

"영어를 잘하면 스스로 근사해지고 뿌듯해질까요?"

우리는 항상 타인과 자신을 비교하며 자신이 생각하는 완벽한 수준에 도달하기 전까진 부족하다고 느낍니다. 하지만 영어를 잘하든 못하든 우리는 똑같은 사람입니다. 저는 어렸을 때도 어설펐고, 지금도 어설픈 것은 변함없습니다. 하지만 지금은 영어를 잘하고, 그래서 너무 좋습니다. 제가 무엇이라도 내세울 수 있는 사람이 되어서가 아니라, 사람들에게 위로와 힘이 될 수 있는, 더 많은 사람에게 깊게 연결될 수 있는 도구로 영어를 마음껏 사용할 수 있어서입니다. 저는 지금도 영어를 배우고 있습니다. 말 그대로 공부하진 않지만, 영어로 강연을 듣고, 영어로 코칭을 받고, 멘토들의 글을 읽고 저만의 말로 써 보고 기록하며 영어로 끊임없이 새로운 것을 깨닫는 경험을 합니다.

영어 공부를 자신의 결핍을 채우기 위해 하게 되면, 영어를 떠올릴 때마다 의무감, 지루함, 두려움이 따라올 것입니다. 저는 의무감이 아니라 그저 그 콘텐츠 자체가 저에게 위로, 깨달음, 즐거움을 주고, 돌파구를 만날 수 있게 도와주기 때문에 이 행위를 반복합니다. 여러분도 영어라는 도구를 통해 연결됨, 위로, 즐거움, 용기, 확신 등 나에게 활력을 불어넣어 줄 수 있는 감정들을 많이 경험하시길 바랍니다.

🎧 MP3 듣기

There is beauty
in every different phase of your life.
There is a lesson
in every different chapter of your life.

여러분의 삶에는 모든 다른 국면에 아름다움이 있습니다.
여러분의 삶의 모든 다른 장에는 교훈이 있습니다.

JANUARY

—

Gratitude

🎧 MP3 듣기

Owning who you are will empower you.
Own your worth, your beauty,
and your strengths.

여러분이 누구인지 받아들이는 것은 여러분에게 힘을 줄 것입니다.
당신의 가치, 당신의 아름다움, 그리고 당신의 장점을 여러분의 것으로 받아들이세요.

🎧 MP3 듣기

Gratitude is one of the most powerful weapons.
If you are grateful,
everything will work out for you.

감사함은 가장 강력한 무기 중 하나입니다.
감사한 마음을 가진다면 모든 일이 잘 풀릴 것입니다.

🎧 MP3 듣기

If you want to overcome crippling self-doubt, find all the reasons why you respect yourself so much.

만약 여러분이 무력한 자아 의심을 극복하고 싶다면,
여러분이 자신을 그렇게 존중하는 모든 이유를 찾으세요.

02

🎧 MP3 듣기

Can you savor all the things
you already have?
If not, nothing will fully satisfy you.

당신은 당신이 이미 가지고 있는 모든 것들을 음미하고 있나요?
그렇지 않다면, 어떤 것도 당신을 완전히 만족시킬 수 없을 것입니다.

What do you think about yourself?
Your thoughts about yourself matter way more
than others' thoughts about you.

당신 스스로에 대한 생각은 어떠한가요?
자신에 대한 당신의 생각은 다른 사람들의 당신에 대한 생각보다 훨씬 더 중요합니다.

 MP3 듣기

You get to decide
what you experience in life.
It can be wonderful or dreadful.

삶에서 무엇을 경험할지는 당신이 결정하는 것입니다.
멋질 수도 있고 끔찍할 수도 있습니다.

Don't play the blame game
because it has zero benefits.
Pointing fingers doesn't solve our problems.

비난하지 마세요. 왜냐하면 비난에는 아무런 이득이 없기 때문입니다.
비난하는 것이 문제를 해결하는 것은 아닙니다.

🎧 MP3 듣기

There are people who love and support you. Focus on them, not on haters.

당신을 사랑하고 응원하는 사람들이 있습니다.
당신을 싫어하는 사람들이 아닌 그들에게 집중하세요.

24

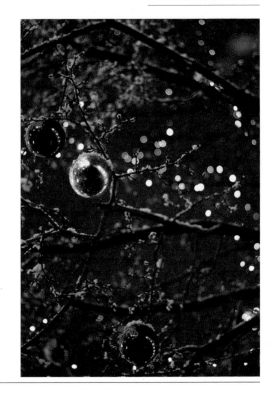

🎧 MP3 듣기

If you are going to tell me
about your weaknesses,
be fair and talk about your strengths, too.

당신의 약점에 대해 이야기할 거라면,
공평하게 당신의 강점에 대해서도 이야기하세요.

🎧 MP3 듣기

Where you are right now is
someone else's dream.
Remind yourself how blessed you are.

당신의 지금 위치는 누군가의 꿈입니다.
당신이 얼마나 축복받았는지 기억하세요.

🎧 MP3 듣기

Everyone experiences loneliness in life.
Embrace it, and use it as an opportunity
to build intimacy with yourself.

누구나 살면서 외로움을 경험합니다.
그것을 받아들이고, 여러분 자신과 친밀감을 쌓는 기회로 이용하세요.

06

🎧 MP3 듣기

If you ever find yourself
blaming or complaining, stop.
There are zero upsides to the victim mentality.

비난이나 불평을 하고 있다면, 멈추세요.
피해 의식을 갖는 것에 이점은 없습니다.

🎧 MP3 듣기

You are an incomparable, indispensable,
beautifully imperfect human.
Don't let anyone else tell you that
you are less than who you are.

당신은 비교할 수 없고, 없어서는 안 될 아름답고 불완전한 인간입니다.
다른 사람이 당신에게 당신이 당신 자신보다 덜하다고 말하게 하지 마세요.

🎧 MP3 듣기

My friend, you are special.
You are amazing.
You are a blessing to this world.

나의 친구, 당신은 특별합니다.
당신은 멋집니다. 당신은 이 세상의 축복입니다.

🎧 MP3 듣기

Real confidence comes from
normalizing the messy part of life,
and showing up as your true self nonetheless.

진정한 자신감은 인생의 지저분한 부분을 정상화하고,
그럼에도 불구하고 진정한 자신의 모습으로 나타나는 것에서 나옵니다.

🎧 MP3 듣기

What if we just decided,
"I am abundant, and I want more?"
You can always desire many things
and still feel abundant.

"나는 풍요롭지만, 더 원한다."라는 생각을 하기로 결정했다면 어떨까요?
여러분은 항상 많은 것을 바라면서도 여전히 풍요로움을 느낄 수 있습니다.

20

🎧 MP3 듣기

No one has the perfect combination of your history, personality, and perspective.

어느 누구도 여러분의 역사, 성격,
그리고 관점의 완벽한 조합을 가지고 있지 않습니다.

🎧 MP3 듣기

Do you want to feel abundant?
Practice gratitude.
Feeling like enough is an internal game.

풍요를 느끼고 싶으신가요? 감사함을 연습하세요.
충분함을 느끼는 것은 내면에 달려 있습니다.

19

🎧 MP3 듣기

There's tremendous value in vulnerability.
It's a place where you can
deeply connect and truly inspire.

취약점에는 엄청난 가치가 있습니다.
그것은 여러분이 깊이 연결되고, 진정으로 영감을 줄 수 있는 장소입니다.

🎧 MP3 듣기

The fastest way to change your mood
is to count your blessings.
Shift your focus to the things you're grateful for.

기분 전환을 하는 가장 빠른 방법은
당신에게 주어진 축복을 세어 보는 것입니다.
당신이 감사한 것들로 초점을 옮기세요.

🎧MP3 듣기

You don't have to play by other people's rules.
Come up with your own definition
of happiness and success.

당신은 다른 사람들의 규칙에 따를 필요 없습니다.
행복과 성공에 대한 자신만의 정의를 생각해 보세요.

🎧 MP3 듣기

No one has a perfect life.
People who look happier
just have different perspectives.

완벽한 삶을 사는 사람은 없습니다.
더 행복해 보이는 사람은 단지 다른 관점을 가진 것입니다.

17

🎧 MP3 듣기

Lots of money and success will
guarantee you a different life.
But there's no amount of money
that can give you a pain-free life.

많은 돈과 성공은 여러분에게 다른 삶을 보장할 것입니다.
하지만 여러분에게 고통 없는 삶을 줄 수 있는 돈은 많지 않습니다.

MP3 듣기

Don't be jealous. Be inspired.
There's way more power in feeling
the possibilities about your future.

질투하지 마세요. 영감을 받으세요.
영감은 당신의 미래에 대한 가능성을 느끼는 데 훨씬 더 많은 힘이 됩니다.

16

🎧 MP3 듣기

Think of all the proud, grateful
and joyful moments in your life.
You are the sum of
all the beautiful gifts from life.

당신의 인생에서 자랑스럽고, 감사하며, 즐거운 순간들을 모두 생각해 보세요.
당신은 인생의 모든 아름다운 선물들의 총합입니다.

🎧 MP3 듣기

There's no way you can feel negative
and grateful at the same time.
What do you choose to indulge in?

부정적인 감정과 감사함을 동시에 느낄 수 있는 방법은 없습니다.
당신은 어떤 것을 느끼길 원하나요?

🎧 MP3 듣기

You are kind.
You are loving.
You are creative.
You are one and only.

당신은 친절합니다. 당신은 사랑이 많습니다.
당신은 창의적입니다. 당신은 유일무이한 존재입니다.

14

MP3 듣기

What gets you moving forward
is your commitment.
What gets you momentum
is having belief in yourself.

당신을 앞으로 나아가게 하는 것은 당신의 결단입니다.
당신에게 추진력을 주는 것은 스스로에 대한 신뢰를 갖는 것입니다.

🎧 MP3 듣기

Stay true to your values.
Listen to your intuition
and be free to be creative
in your own way.

여러분의 가치관에 충실하세요. 여러분의 직관에 귀를 기울이고
여러분만의 방식으로 창의적일 수 있도록 하세요.

Celebrate your wins.
Appreciate what you've done.
Give yourself the acknowledgement
you want from others.

당신의 성취를 기념하세요. 당신이 이룬 것을 자랑스러워하세요.
타인에게 받기 원하는 인정을 스스로에게 해 주세요.

DECEMBER
13

🎧 MP3 듣기

Accepting where you are and
working on yourself is one of the best things
you can do for yourself and others.

여러분이 있는 곳을 받아들이고 스스로 노력하는 것은
여러분 자신과 다른 사람들을 위해 할 수 있는 가장 좋은 일 중 하나입니다.

MP3 듣기

Nothing has to happen for you
to feel wonderful about your life.
You don't have to wait for things
to happen to feel happy.

멋진 삶을 경험하기 위해 어떤 일이 일어날 필요는 없습니다.
행복하기 위해 어떤 일이 생기길 기다릴 필요도 없습니다.

🎧 MP3 듣기

Your flaws are what make you special.
You are a beautiful, strong, imperfect human.

당신의 결점은 당신을 특별하게 만드는 것입니다.
당신은 아름답고, 강하고, 불완전한 인간입니다.

🎧MP3 듣기

The grass isn't greener on the other side.
There's no such place where
only positive emotions exist.

다른 쪽의 잔디가 더 푸르지 않습니다. (더 나은 곳은 없습니다.)
긍정적인 감정만 있는 곳은 존재하지 않습니다.

🎧 MP3 듣기

Let people be amazed.
Let people be disappointed.
Let yourself be unapologetically you.

사람들을 놀라게 하세요. 사람들이 실망하게 내버려 두세요.
미안한 기색도 없이 당신다워지세요.

🎧 MP3 듣기

There are things in life that are given to you.
There are things in life that you earn.
Both can always be a blessing.

인생에서 주어지는 것이 있는가 하면 얻어야 하는 것도 있습니다.
둘 다 언제나 축복이 될 수 있습니다.

10

🎧 MP3 듣기

Giving up your authenticity for
somebody else doesn't work in the long run.
Be you, and let the right people come to you.

누군가를 위해 당신의 진정성을 포기하는 것은 장기적으로 효과가 없습니다.
당신다워지고, 당신과 맞는 사람들이 당신에게 오도록 하세요.

19

MP3 듣기

Ambition and gratitude make the perfect team.
You can use everything you have
as tools to reach your goals.

야망과 감사함은 완벽한 팀입니다.
당신이 가진 모든 것을 당신의 목표를 달성할 도구로 사용할 수 있습니다.

09

🎧 MP3 듣기

People who judge are always
going to judge either way.
So choosing to be you
is always the better option.

판단하는 사람들은 언제나 어느 쪽이든 판단할 것입니다.
그렇기 때문에 당신다운 것을 선택하는 것이 언제나 더 나은 선택입니다.

🎧 MP3 듣기

Imagine your strengths growing and expanding because that's what you choose every single time.

당신은 매번 당신의 강점이 성장하고 확장하는 것을 선택하기 때문에
당신의 강점이 성장하고 확장하고 있다고 그려 보세요.

DECEMBER
08

🎧 MP3 듣기

Let go of who you think
you should be,
and let your true self
be seen and heard.

여러분이 되어야 한다고 생각하는 것을 버리고,
여러분의 진정한 모습이 보이고 들리게 하세요.

MP3 듣기

If you help people feel important
and useful by appreciating them,
you are helping them become their best version.

당신이 사람들에게 감사함으로써 그들이 자기 스스로를 중요하고 유용한 사람이라고
생각하게 돕는다면, 당신은 그들이 그 자신의 최고의 모습이 되도록 돕는 것입니다.

🎧 MP3 듣기

Authenticity is liberating ourselves
to create and love in a way
that is aligned with who we really are.

진정성은 우리 자신이 자유롭게 우리의 진정한 모습과 일치하는 방법으로
창조하고 사랑할 수 있게 하는 것입니다.

🎧 MP3 듣기

Feeling inadequate does not serve you.
Dwelling on what you lack compared to others
only shuts down your potential.

부족하다는 감정은 당신에게 도움이 되지 않습니다.
남들보다 부족한 것에 몰입하는 것은 당신의 잠재력을 막을 뿐입니다.

🎧 MP3 듣기

Being your true self is a form of contribution;
you inspire other people
to be their authentic selves.

여러분의 진정한 모습이 되는 것은 기여의 한 형태입니다.
여러분은 다른 사람들 또한 진정한 자신이 되도록 영감을 줍니다.

23

🎧 MP3 듣기

It takes the same amount of effort
to complain about something as it does
to be thrilled about something.
Which would you like to use your energy on?

무언가에 즐거움을 느끼는 것과 불만을 느끼는 것에는 같은 양의 노력이 필요합니다.
당신은 어디에 더 에너지를 쓰고 싶은가요?

🎧 MP3 듣기

Can you embrace who you are with love;
not only the "good" part
but also the "vulnerable" part?

지금의 자신을 사랑으로 포용할 수 있나요?
"좋은" 부분뿐만 아니라 "취약한" 부분까지요?

🎧 MP3 듣기

Being positive is not a naive attitude.
It's the ability to not let anyone or anything
take control of you.

긍정적인 것이 순진하다는 뜻은 아닙니다.
긍정이란 그 누구도, 어떤 것도 당신을 통제하게 내버려 두지 않는 능력입니다.

🎧 MP3 듣기

If you can finally see how exceptional you are,
you don't need to compare or
compete with others.

만약 여러분이 얼마나 뛰어난지 결국 알 수 있다면,
여러분은 비교하거나 경쟁할 필요가 없습니다.

MP3 듣기

Feel gratitude ahead of time.
Experience your future feelings now.

미리 감사함을 느껴보세요.
당신의 미래 감정(감사함)을 지금 경험하세요.

🎧 MP3 듣기

Your desires are sacred.
They lead you to contribute
in a way that delights you.

당신의 욕망은 고귀합니다.
그것(당신의 욕망)들은 당신을 즐겁게 하는 방식으로 당신에게 기여하도록 이끕니다.

🎧 MP3 듣기

You can't expect to create phenomenal results
while feeling inadequate.
What feeling would help you
create remarkable results?

부족함을 느끼면서 경이로운 결과를 만들어 내는 것을 기대할 수 없습니다.
어떤 감정이 당신이 놀랄 만한 결과를 만들어 내는 데 도움이 될까요?

02

🎧 MP3 듣기

The world doesn't need a perfect person.
What the world desperately needs is you.

세상은 완벽한 사람을 필요로 하지 않습니다.
세상이 절실히 필요로 하는 것은 당신입니다.

🎧 MP3 듣기

Gratitude is a clever strategy.
It is a deliberate tactic to
let every circumstance work for you.

감사하는 마음은 똑똑한 전략입니다.
모든 환경이 당신을 위해 일하도록 하는 의도적인 전략입니다.

01

You are not born
to fit in with the crowd.
You are born to stand out.

당신은 군중과 어울리도록 태어나지 않았습니다.
당신은 눈에 띄기 위해 태어났습니다.

Want what you already own.
You already have so many things
that you desire deeply.

당신이 이미 가진 것들을 원하세요.
당신은 이미 당신이 깊이 갈망하는 수많은 것들을 가지고 있습니다.

DECEMBER

—

Authenticity

🎧 MP3 듣기

If you are happy to be you,
you can give so much more to yourself.
Can you choose to be elated to be you?

만약 당신이 당신이어서 행복하다면, 스스로에게 줄 수 있는 것이 굉장히 많습니다.
당신이 당신인 것에 대해 기뻐하기를 선택할 수 있나요?

🎧 MP3 듣기

If we are obsessed
with controlling someone,
we lose our own power
to control ourselves.

만약 우리가 누군가를 통제하는 것에 집착한다면,
우리는 우리 자신을 통제할 수 있는 힘을 잃게 됩니다.

🎧 MP3 듣기

It's not the most victorious moments
that make us love our lives.
It's those ordinary moments filled with gratitude.

우리의 삶을 사랑하게 만드는 것은 가장 승리적인 순간이 아닙니다.
감사함으로 가득 찬 평범한 순간들입니다.

29

MP3 듣기

If someone is irritating you, check first if you've been irritated by yourself.

만약 누군가가 당신을 짜증 나게 한다면,
먼저 당신 스스로에게 짜증이 나 있는지 확인하세요.

🎧 MP3 듣기

Gratitude is an attitude.
It doesn't come naturally when things change.
It's a deliberate choice.

감사는 태도입니다.
상황이 바뀌면 자연스럽게 감사한 마음이 생기지 않습니다.
감사는 의도적인 선택입니다.

28

🎧 MP3 듣기

What's one thing you're proud of yourself for?
Give yourself enough credit and
compliment yourself for that.

스스로에게 자랑스러운 한 가지는 무엇인가요?
자신을 충분히 믿고 그것에 대해 자신을 칭찬하세요.

Joy

27

Having compassion toward yourself
is more than a feeling.
It's being by your side and willing to offer help.

자신에 대해 동정심을 갖는 것은 감정 그 이상입니다.
그것은 여러분의 곁에서 기꺼이 도움을 줄 것입니다.

🎧 MP3 듣기

What are you happy about in your life?
What makes you smile?
Can you stay in that joy for a moment?

당신 인생의 행복은 무엇인가요? 당신을 웃게 만드는 것은 무엇인가요?
잠시라도 그 기쁨에 머무를 수 있나요?

🎧 MP3 듣기

If you are not enough for you,
no amount of recognition
from others can satisfy you.

만약 당신이 당신에게 충분하지 않다면,
다른 사람들로부터 아무리 인정받아도 당신을 만족시킬 수 없습니다.

🎧 MP3 듣기

It's no one else's job to make
you feel good about your life.
It's your job to make yourself happy,
energetic and fulfilled.

삶에 대해 행복함을 느끼는 것은 누군가 해 줄 수 있는 게 아닙니다.
당신의 삶을 행복하고, 활기차고, 만족스럽게 만드는 것은 당신 자신입니다.

🎧 MP3 듣기

True love is not loving other people at the expense of losing yourself.

진정한 사랑은 자신을 잃는 대가로
다른 사람을 사랑하는 것이 아닙니다.

🎧MP3 듣기

Feeling entitled to be joyful all of the time may block you from experiencing it fully.

늘 즐거울 자격이 있다고 생각하는 것은
그것(즐거움)을 충분히 경험하는 것을 막을 수 있습니다.

24

🎧 MP3 듣기

Change happens when you truly love yourself.
You want to be better in front of
people who are fond of you.

변화는 당신이 자신을 진정으로 사랑할 때 일어납니다.
당신은 자신을 좋아하는 사람 앞에서 더 잘하고 싶어 하니까요.

04

🎧 MP3 듣기

You don't need anyone's permission to feel happy.
Feel safe to experience greater joy,
excitement, and fulfillment.

행복을 느끼는 데 누군가의 허락은 필요치 않습니다.
더 큰 기쁨과 즐거움과 만족감을 얼마든지 즐기세요.

23

MP3 듣기

Be patient with yourself.
Don't rush into anything
because you are already magnificent as you are.

자신에게 인내심을 가지세요.
당신은 이미 있는 그대로 훌륭하기 때문에 무슨 일이든 서두르지 마세요.

🎧 MP3 듣기

If you want more joy in your life, choose it.
Look for things to laugh,
smile, and feel excited about.

당신의 인생에서 더 많은 즐거움을 원한다면 선택하세요.
당신을 웃게 하고, 미소 짓게 하고, 행복하게 만드는 것을 찾아보세요.

MP3 듣기

Trying to be right all the time may block you
from loving yourself and others.
At the end of the day, love matters most.

항상 옳기 위해 노력하는 것은 당신 자신과 다른 사람들을
사랑하는 것을 막을 수 있습니다. 결국, 사랑이 가장 중요합니다.

06

 MP3 듣기

Your inner dialogue shapes the quality of your life.
Be loving, kind, and supportive
whenever you talk to yourself.

자기 내면과의 대화는 삶의 질을 형성합니다.
스스로에게 이야기할 때마다 자신을 사랑하고 친절을 베풀고, 응원하세요.

What if you could listen to yourself with grace instead of judging yourself?

만약 여러분이 자신을 판단하는 대신
자상하게 자신의 말을 들을 수 있다면 어떨까요?

🎧 MP3 듣기

Don't let the anticipation of results ruin your joy.
Believe that they are coming to you
and enjoy the process.

결과에 대한 예측이 당신의 기쁨을 망치게 하지 마세요.
결과가 당신에게 온다고 생각하고 과정을 즐기세요.

🎧 MP3 듣기

If you don't want to take
the person you love for granted,
remind yourself how every moment
spent with them is a gift.

만약 여러분이 사랑하는 사람을 당연하게 여기고 싶지 않다면,
그 사람과 함께 보내는 모든 순간이 얼마나 선물인지 스스로에게 상기시키세요.

MP3 듣기

Your joy does not steal anyone else's joy.
Feel safe to have greater joy in your life.

당신의 즐거움은 타인의 기쁨을 빼앗는 것이 아닙니다.
당신의 삶에서 더 큰 즐거움을 가지는 것에 안심하세요.

19

🎧 MP3 듣기

Love means never neglecting yourself.
Love is disciplining yourself so that
you can live the life you're meant to live.

사랑은 결코 자신을 소홀히 하지 않는 것을 의미합니다.
사랑이란 당신이 살아야 할 삶을 살 수 있도록 스스로를 단련하는 것입니다.

🎧 MP3 듣기

Have fun just for the sake of it.
Make your day enjoyable
just because you deserve it.

단지 그 자체로 즐거움을 경험하세요.
당신이 받을 자격이 있다는 이유만으로 당신의 하루를 즐겁게 보내세요.

NOVEMBER

18

LOVE

🎧 MP3 듣기

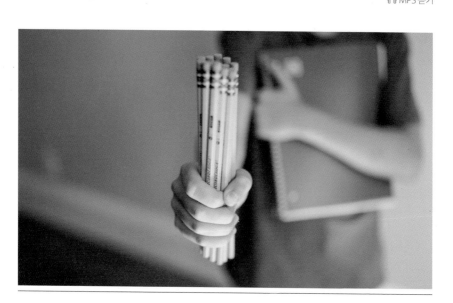

You are perfect.
Everything else is extra
to the already magnificent you.

당신은 완벽합니다.
다른 모든 것들은 이미 훌륭한 당신에게 추가적인 것입니다.

🎧 MP3 듣기

Imagine people are happy to see you
every time you walk into a room.
Assume you are loved.

여러분이 가는 곳마다 사람들이 여러분을 보고 기뻐한다고 상상해 보세요.
당신이 사랑받고 있다고 가정하세요..

🎧 MP3 듣기

You can stop feeling resentment
because you deserve to be free from
anything that holds you back.

여러분은 여러분을 가로막는 어떤 것들로부터도
자유로워질 자격이 있기 때문에 원망을 멈출 수 있습니다.

11

🎧 MP3 듣기

What if you decided
to generate joy every day?
Can you commit to joy,
not for anyone else, but for you?

만약 여러분이 매일매일 기쁨을 만들기로 결심했다면 어떨까요?
당신은 다른 사람이 아닌 당신을 위해 기쁨을 결단할 수 있나요?

🎧 MP3 듣기

Having your own back means deciding
that you will be the solution
to all your problems.

여러분의 지지를 받는다는 것은 여러분이 모든 문제에 대한
해결책이 될 것이라고 결정하는 것을 의미합니다.

What's one thing that
you can smile about today?
Who's one person you can smile with today?

오늘 여러분이 웃을 수 있는 한 가지는 무엇인가요?
오늘 같이 웃을 수 있는 한 사람은 누구인가요?

15

🎧 MP3 듣기

How can you have your own back today?
How can you appreciate yourself today?

오늘 어떻게 스스로의 편이 되어 줄 수 있나요?
오늘 어떻게 스스로에게 고마워할 수 있나요?

🎧 MP3 듣기

Choose joy over immediate gratifications.
Short-term pleasures might rob
your long-term joy.

즉각적인 만족보다는 기쁨을 선택하세요.
단기간의 쾌락은 장기간의 기쁨을 앗아갈 수 있습니다.

14

🎧 MP3 듣기

Choosing love is beneficial.
Choosing love will help you feel love
before anyone else.

사랑을 선택하는 것은 이롭습니다. 사랑을 선택하는 것은
여러분이 누구보다 먼저 사랑을 느낄 수 있도록 도와줄 것입니다.

14

🎧 MP3 듣기

Allowing yourself to experience joy is
a form of self-care, self-trust,
and self-appreciation.

여러분 자신에게 기쁨을 경험하게 하는 것은
자기 관리, 자기 신뢰, 자기 감상의 한 형태입니다.

13

🎧 MP3 듣기

Loving isn't trying to fix something.
It is about being present
and providing a safe space.

사랑하는 것은 무언가를 고치려고 노력하는 것이 아닙니다.
그것은 함께 있어 주고, 안전한 공간을 제공해 주는 것입니다.

15

🎧 MP3 듣기

If you want your life to be filled with joy,
don't set it aside like it can wait
"until you get there."

당신의 삶이 기쁨으로 가득하길 바란다면
"그곳에 도착할 때까지" 기다릴 수 있는 것처럼 그것(기쁨)을 미루지 마세요.

🎧 MP3 듣기

Love is dropping your expectations for someone and accepting them for who they are, not your version of them.

사랑은 누군가에 대한 당신의 기대를 버리고, 당신 버전의 그들이 아니라 있는 그대로의 그들을 받아들이는 것입니다.

16

🎧 MP3 듣기

How do you want to feel every day?
What do you want your mind
to focus on every day?

여러분은 매일을 어떻게 느끼고 싶나요?
당신의 마음이 매일 무엇에 집중하기를 원하나요?

11

🎧 MP3 듣기

When you feel like beating yourself up,
can you have compassion for yourself instead?
Can you stand by your own side?

여러분이 자신을 자책하고 싶을 때, 대신 여러분 자신을 측은히 여길 수 있나요?
자신의 편이 되어 주실 수 있나요?

MP3 듣기

Don't worry about what you don't have,
and then miss out on all of
the wonderful things you already have.

당신에게 없는 것에 대해 걱정하며
당신이 이미 가지고 있는 모든 멋진 것들을 놓치지 마세요.

🎧 MP3 듣기

You don't have to measure up
to people's standards to be loved.
We are designed to love
and to be loved unconditionally.

사랑을 받기 위해 사람들의 기준에 맞출 필요는 없어요.
우리는 무조건적으로 사랑하고, 사랑받도록 설계되어 있습니다.

MP3 듣기

So what if it looks silly to some people?
As long as it lights up your soul,
it's always worth it.

만약 어떤 사람들에게 바보같이 보여도 뭐 어떤가요?
당신의 영혼을 밝혀 주는 한, 그것은 언제나 가치가 있습니다.

🎧 MP3 듣기

If you are not loved,
it's not because you are unlovable.
It's because you lack the ability to love yourself.

만약 당신이 사랑받지 못한다면, 당신이 사랑스럽지 않아서가 아닙니다.
당신 스스로를 사랑하는 능력이 부족하기 때문입니다.

19

🎧 MP3 듣기

No matter how small or big,
enjoy your victory.
It will help you create more of it.

얼마나 작든 크든 간에, 여러분의 승리를 즐거워하세요.
그것은 여러분이 더 많은 것을 만들 수 있도록 도와줄 것입니다.

🎧 MP3 듣기

Try these questions to practice
self-love in any situation.
What would love do?
What would love say?

어떤 상황에서든 자기애를 실천하기 위해 이 질문들을 시도해 보세요.
사랑이라면 무엇을 할까요? 사랑이라면 뭐라고 할까요?

🎧 MP3 듣기

Being joyful doesn't mean
everything is perfect.
It just means you know
how to have fun wherever you are.

즐거워하는 것은 모든 것이 완벽하다는 것을 의미하는 것이 아닙니다.
그것은 단지 당신이 어디에 있든지 즐기는 방법을 알고 있다는 것을 의미합니다.

🎧 MP3 듣기

You can either believe
people don't care about you or
believe you are fully loved and supported.

여러분은 사람들이 여러분을 신경 쓰지 않는다고 믿거나
여러분이 완전히 사랑받고 지지받고 있다고 믿을 수 있습니다.

🎧 MP3 듣기

There is no upside to being cynical.
All you get from that are problems.

냉소적이 되는 것에는 좋은 점이 없습니다.
그것(냉소적이 되는 것)으로부터 얻는 것은 문제점들입니다.

🎧 MP3 듣기

Nothing is more powerful than
having your own back.
Live and create with that strong self-support.

자기 자신의 편이 되어 주는 것보다 더 강력한 것은 없습니다.
스스로 자신의 강력한 편이 되어 주며 삶을 살고 창조하세요.

22

🎧 MP3 듣기

If you are unhappy, ask yourself;
"In what ways am I blocking
my own happiness?"

만약 여러분이 불행하다면, 스스로에게 물어보세요;
"나는 어떤 방식으로 나 자신의 행복을 막고 있나?"

🎧 MP3 듣기

Anything said in true love is
so much more powerful.
Anything done in true love is
so much more rewarding.

진실한 사랑에서 말하는 것은 모두 훨씬 더 강력합니다.
진실한 사랑으로 이루어진 모든 것은 훨씬 더 보람 있는 일입니다.

🎧 MP3 듣기

Surround yourself with people
who can magnify your achievements.
Be with the crowd who believes in you.

주변에 여러분의 성취를 돋보이게 할 수 있는 사람들을 두세요.
당신을 믿는 사람들과 함께하세요.

04

🎧 MP3 듣기

If you feel bitter after helping others,
remember this:
trying to manipulate others
into liking you is not love.

만약 여러분이 다른 사람들을 돕고 나서 씁쓸하다면, 이것을 기억하세요.
다른 사람들을 조종해서 당신을 좋아하게 하려고 하는 것은 사랑이 아닙니다.

24

🎧 MP3 듣기

Train yourself to enjoy
doing the hard things.
There's so much joy in growth.

힘든 일을 즐기도록 자신을 훈련시키세요.
성장에는 기쁨이 넘칩니다.

🎧 MP3 듣기

There's so much more freedom
in love than in hate.
No more energy is wasted.

사랑에는 증오보다 더 많은 자유가 있습니다.
더 이상 에너지를 낭비하지 않습니다.

🎧 MP3 듣기

People who are happy
are not born that way.
They just practice good thoughts a lot.

행복한 사람은 그렇게 타고난 것이 아닙니다.
그들은 그저 좋은 생각을 많이 연습할 뿐입니다.

🎧 MP3 듣기

If you loved yourself unconditionally,
how would your daily conversation
with yourself be different?

자기 자신을 무조건적으로 사랑한다면,
자기 자신과의 대화는 얼마나 달라질까요?

🎧 MP3 듣기

Make plans to share a laugh
with people you love.
It will bring so much happiness to your day.

여러분이 사랑하는 사람들과 웃음을 나눌 계획을 세우세요.
당신의 일상에 많은 행복을 가져다 줄 것입니다.

 MP3 듣기

You are special.
You are irreplaceable.
You can do amazing things.

당신은 특별해요. 당신은 대체할 수 없어요.
여러분은 놀라운 일들을 할 수 있습니다.

🎧 MP3 듣기

You can be sad that it's gone,
or you can smile that it happened.

어떤 것이 당신 인생에서 사라진 것에 슬퍼할 수 있습니다.
또는 그 일이 당신의 삶에서 일어났다는 것으로 웃을 수도 있습니다.

NOVEMBER

—

Love

28

🎧 MP3 듣기

Fake pleasures may damage your self-esteem
while true joy boosts
your sense of self-worth.

거짓 쾌락은 당신의 자존감에 상처를 줄 수 있는 반면에
진정한 기쁨은 여러분의 자존감을 높여 줍니다.

You can choose to focus on
what went wrong today,
or what you did great
and how you can crush it tomorrow.

여러분은 오늘 무엇이 잘못됐는지 집중하거나 여러분이 무엇을 잘했는지,
그리고 어떻게 내일을 멋지게 보낼 수 있는지에 초점을 맞출 수 있습니다.

—

Courage

How do you want to show up today?
When you encounter a challenge,
how do you want to handle it?

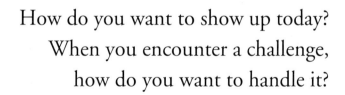

오늘 어떻게 나타나고 싶으신가요?
도전에 직면했을 때 어떻게 대처하고 싶으신가요?

01

🎧 MP3 듣기

How valuable is your dream?
Is it worth you feeling scared?
Is it worth you getting rejected?

당신의 꿈은 얼마큼의 가치가 있나요?
두려움을 느낄 만큼 가치가 있나요? 거절을 느낄 만큼 가치가 있나요?

OCTOBER
29

🎧 MP3 듣기

Be crystal clear about what you want.
No maybes or perhaps.

당신이 원하는 것을 확실히 하세요.
"아마도"나 "그럴지도"가 아니라요.

MP3 듣기

Courage doesn't mean
you don't feel scared at all.
Courage means you move forward nonetheless.

용기란 두려움을 전혀 느끼지 못한다는 것이 아닙니다.
용기란 그럼에도 앞으로 나아간다는 것을 말합니다.

What makes life vibrant
is living as your true self
without any apologies or excuses.

삶을 활기차게 만드는 것은 어떠한 사과나 변명 없이
여러분의 진정한 모습으로 사는 것입니다.

🎧 MP3 듣기

Remind yourself how brave you are.
You showed up to your life,
even with all of the difficulties.

당신이 얼마나 용감한지 다시 한번 생각해 보세요.
당신은 모든 어려움에도 불구하고 당신의 삶에 나타났습니다.

🎧 MP3 듣기

If you choose expansion, don't be surprised when different challenges come up.

만약 여러분이 확장을 선택했다면,
다양한 어려움들이 다가와도 놀라지 마세요.

04

MP3 듣기

Doubt is a sign that
you are stepping up your game.
You only have doubts
because you want to improve.

의심은 당신이 잘하고 있다는 신호입니다.
당신은 발전하기 원하기 때문에 의심이 있는 것입니다.

26

🎧 MP3 듣기

The more you lean into discomfort,
the more you get to live your possibilities.

불편함에 더 많이 기울면 기울수록,
여러분은 자신의 가능성을 살 수 있습니다.

MP3 듣기

As long as you are doing what's best for you,
fear will always be there.
Make it your friend.

여러분이 여러분에게 가장 좋은 것을 하고 있는 한,
두려움은 항상 거기에 있을 것입니다. 그것(두려움)을 친구로 삼으세요.

OCTOBER
25

🎧 MP3 듣기

Don't repeat the same old days
and wonder why you're not excited
about your life.

예전과 같은 날들을 반복하지 말고
왜 여러분의 삶에 대해 흥분하지 않는지 궁금해하세요.

🎧 MP3 듣기

Your presence, your personality,
and everything that makes you
who you are is incredibly valuable.

당신의 존재, 당신의 성격, 그리고 당신을 있게 하는 모든 것들은
믿을 수 없을 만큼 가치가 있습니다.

🎧 MP3 듣기

Be careful of using the word "should" to yourself.
You can do something
simply because you want it.

자신에게 "해야 한다"라는 단어를 사용하는 것을 조심하세요.
여러분은 단순히 원하기 때문에 그것을 할 수 있습니다.

07

🎧 MP3 듣기

There will always be excuses why
you can't do what you want to do.
Do it regardless.

왜 당신이 하고 싶은 것을 할 수 없는지에 대한 변명은 항상 있을 것입니다.
상관없이 하세요.

Believe that what you have to say matters.
Take up space and speak up.

당신이 해야 할 말이 중요하다는 것을 믿으세요.
존재감을 드러내고, 크게 말하세요.

🎧 MP3 듣기

Be open to making mistakes.
Once you are willing to fail,
you will access your own ingenuity.

실수하는 것에 마음을 여세요. 여러분이 기꺼이 실패한다면,
여러분은 여러분 자신의 독창성을 사용할 수 있을 것입니다.

MP3 듣기

You empower yourself
not by controlling the past or future.
You empower yourself by fully
living in the present.

여러분은 과거나 미래를 통제함으로써 자신에게 힘을 주는 것이 아닙니다.
여러분은 현재를 온전히 살아감으로써 여러분 자신에게 힘을 줍니다.

🎧 MP3 듣기

The only sure way to never get criticized by anyone is to do absolutely nothing.

누구에게도 비난을 받지 않는 유일하고 확실한
방법은 완전히 아무것도 하지 않는 것입니다.

🎧 MP3 듣기

What if there's no such thing as the right moment?
What if every day of your life is the perfect
moment to do what's right for you?

만약 적절한 순간이라는 것이 없다면 어떨까요?
만약 당신의 하루하루가 옳은 일을 하기 위한 완벽한 순간이라면 어떨까요?

🎧 MP3 듣기

Dwelling on your limitations only blocks you
from what you are capable of.
Choose to focus on your strengths.

당신의 한계에 연연하는 것은 당신이 할 수 있는 것들로부터 당신을 차단할 뿐입니다.
여러분의 강점에 집중하기를 선택하세요.

OCTOBER
20

🎧 MP3 듣기

Reinvent yourself, love yourself,
discipline yourself, and live each moment
of your life wholeheartedly.

자신을 개발하고, 자신을 사랑하고, 자신을 단련하고,
여러분의 삶의 매 순간을 진심으로 사세요.

11

🎧 MP3 듣기

Don't give up in advance because you are afraid of failing in the future.

미래에 실패할 것이 두렵다고
미리 포기하지 마세요.

🎧 MP3 듣기

If you can be present with
what you are feeling,
you can bond with yourself
on a much deeper level.

만약 여러분이 느끼고 있는 어떤 것과도 함께 있을 수 있다면,
여러분은 훨씬 더 깊은 차원에서 여러분 자신과 유대감을 갖게 될 것입니다.

🎧 MP3 듣기

Have the courage to drop the old lies
you've been told and replace them with
things that will propel you forward.

당신이 들어 왔던 오래된 거짓말들을 버리고
그것들을 여러분을 앞으로 나아가게 하는 것들로 대체할 용기를 가지세요.

🎧 MP3 듣기

Take yourself off from autopilot
and be conscious
of your thoughts, feelings, and actions.

무의식적으로 반복하는 일상에서 벗어나
여러분의 생각, 감정, 행동을 의식하세요.

🎧 MP3 듣기

You have the power to create an amazing life.
You are much more powerful
than you can ever imagine.

여러분은 놀라운 삶을 창조할 수 있는 힘을 가지고 있습니다.
당신은 당신이 상상하는 것보다 훨씬 더 강력해요.

🎧 MP3 듣기

Don't let yourself get sidetracked
by people whose only job is to worry.

걱정만 하는 사람들에 의해
당신 자신을 옆길로 빠지지 않도록 하세요.

🎧 MP3 듣기

Instead of focusing on the cost
of following your goals,
think about the cost
of letting your dream go to waste.

목표를 달성하는 데 드는 비용에 초점을 맞추는 대신
여러분의 꿈을 헛되이 보내는 데 드는 비용에 대해 생각해 보세요.

16

🎧 MP3 듣기

Setting an intention in the morning is
a great way to design your day.
Do this to make the most of each day.

아침에 계획을 세우는 것은 여러분의 하루를 디자인하는 좋은 방법입니다.
하루하루를 최대한 활용하기 위해 계획을 세우세요.

🎧 MP3 듣기

Give yourself permission to dream big.
Let yourself have
seemingly impossible dreams.

큰 꿈을 꾸도록 스스로를 허락하세요.
불가능해 보이는 꿈을 꾸도록 하세요.

🎧 MP3 듣기

Writing a letter to your past self is a great way
to come to peace with your past.
This lets you focus on the present moment.

과거의 자신에게 편지를 쓰는 것은 과거와 평화롭게 지내는 훌륭한 방법입니다.
이것은 당신이 현재 순간에 집중할 수 있도록 합니다.

16

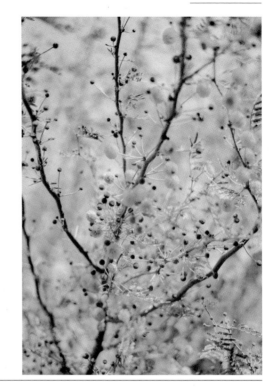

🎧 MP3 듣기

Brave people know this to be true:
failing forward is always worth it.

용감한 사람들은 이것이 사실이라는 것을 압니다.
앞으로 실패하는 것은 항상 가치가 있습니다.

🎧 MP3 듣기

If your story about you or your past
doesn't serve you, go ahead and rewrite it.
Use your power to create the best reality for you.

만약 여러분이나 여러분의 과거에 대한 이야기가
여러분에게 도움이 되지 않는다면, 계속해서 그것을 다시 쓰세요.
여러분의 힘을 여러분에게 가장 좋은 현실을 만들기 위해 사용하세요.

🎧 MP3 듣기

Don't compromise your values
because you are afraid of people's judgment.
Let yourself be you.

사람들의 판단이 두렵다고 여러분의 가치를 타협하지 마세요.
당신답게 행동하세요.

13

🎧 MP3 듣기

Ask this question to check
if your thought is helpful:
"is this thought current or is it outdated?"

당신의 생각이 도움이 되는지 확인하기 위해 이 질문을 하세요.
"이러한 생각은 현재 상태입니까, 아니면 시대에 뒤떨어진 것입니까?"

18

🎧 MP3 듣기

How people think of you has no effect on you
unless you believe them.
What do you believe about yourself?

사람들이 당신을 어떻게 생각하는지는 당신이 그들을 믿지 않는 한 당신에게
영향을 미치지 않습니다. 당신은 자신에 대해 무엇을 믿습니까?

🎧 MP3 듣기

You can live a completely different life
starting from today.
But it requires you to drop
your old limiting beliefs.

오늘부터 당신은 완전히 다른 삶을 살 수 있습니다.
하지만 그러기 위해선 여러분의 오래된 제한적인 믿음을 버려야 합니다.

🎧 MP3 듣기

You can be the nicest person on the planet
and still show the world
how you can achieve amazing things.

당신은 세상에서 가장 친절한 사람이 되는 동시에
얼마나 놀라운 일을 성취해 낼 수 있는지 세상에 보여 줄 수 있습니다.

11

MP3 듣기

Instead of worrying about things
that won't even happen,
love more, live more, and do more.

일어나지도 않은 일을 걱정하는 대신,
더 많이 사랑하고, 더 많이 살고, 더 많은 행동을 하세요.

MP3 듣기

Show me a man or woman
who has achieved great success
without having experienced the pain of growth.

성장의 고통을 경험하지 않고
굉장한 성공을 거둔 사람이 있다면 보여 주세요.

🎧 MP3 듣기

Forgive yourself for all your mistakes
and move on.
You are still trustworthy
and full of possibilities.

여러분의 모든 실수를 용서하고 앞으로 나아가세요.
당신은 여전히 신뢰할 수 있고, 가능성으로 가득 차 있습니다.

🎧 MP3 듣기

If no one will ever misunderstand you, will you only speak your truth then?

만약 아무도 당신을 절대 오해할 일이 없다면,
그제야 오직 당신의 진실을 말할 것인가요?

🎧 MP3 듣기

You can feel uncomfortable now
and be proud of yourself,
or you can feel uncomfortable later
and feel regret.

지금 불편함을 느끼고 뿌듯함을 느끼거나
나중에 불편함을 느끼고 후회할 수도 있습니다.

MARCH

22

MP3 듣기

Your work may not be for everyone,
but it is the most amazing thing
for some people out there.

당신의 작품이 모든 사람들을 위한 것이 아닐 수 있습니다.
하지만 어떤 사람들에겐 가장 멋진 작품입니다.

🎧 MP3 듣기

Take a moment to pause and breathe.
What do you want to remember today?

잠시 멈추고 숨을 쉬세요.
당신은 오늘 무엇을 기억하고 싶나요?

🎧 MP3 듣기

You will feel less anxious the moment
you stop focusing on yourself.
Focus on what you can deliver
and how you can serve others.

자신에게 집중하는 것을 멈추는 순간에 불안함이 줄어들 것입니다.
당신이 무엇을 전달할 수 있으며, 어떻게 도움을 줄 수 있는지에 집중하세요.

🎧 MP3 듣기

You can change your past by
changing your present interpretation of the past.

당신은 과거에 대한 현재의 해석을 바꿈으로써
과거를 바꿀 수 있습니다.

🎧 MP3 듣기

People are not really interested in
anyone other than themselves.
Use this fact to stop feeling self-conscious.

사람들은 자신이 아닌 다른 사람들에게 관심이 없습니다.
사람들을 의식하는 것을 멈추기 위해 이 사실을 이용하세요.

🎧 MP3 듣기

If today were your last day,
how would you live it differently?

오늘이 당신의 마지막 날이라면,
어떻게 다르게 살고 싶나요?

🎧 MP3 듣기

Don't wait to be fully ready.
You'll get better
once you start doing it.

완전히 준비되기를 기다리지 마세요.
일단 하기 시작하면, 당신은 잘하게 될 것입니다.

05

🎧 MP3 듣기

Life is not a performance.
How it feels is incomparably
more important than how it looks.

인생은 공연이 아니다.
어떻게 느끼느냐가 어떻게 보이느냐보다 비교가 안 될 정도로 중요합니다.

🎧 MP3 듣기

Remember this when things get tough:
It will not get easier.
You will just get better.

상황이 어려워질 때 이것을 기억하세요.
더 쉬워지진 않을 것입니다. 그저 당신이 더 탁월해질 것입니다.

🎧 MP3 듣기

Get out of your own head and look around.
What's the next small thing
you want to do?

당신 머릿속에서 벗어나서 주위를 둘러보세요.
다음으로 하고 싶은 작은 행동은 무엇인가요?

🎧 MP3 듣기

If you were sure you were going to fail
and still went all in every time,
how would your life be different?

만약 당신이 실패할 것이라고 확신했지만, 그래도 여전히 항상 모든 것을 걸었다면,
여러분의 삶은 어떻게 달라졌을까요?

🎧 MP3 듣기

Regret is a choice.
You can either constantly relive the past
or you can gracefully move on.

후회하는 것은 선택입니다.
여러분은 끝임없이 과거를 회상하거나 품위 있게 나아갈 수 있습니다.

Don't be afraid of what you can't control.
Be afraid of not even doing something
that you can control.

당신이 통제할 수 없는 것을 두려워하지 마세요.
통제할 수 있는 것조차 어떻게 하지 않는 것을 두려워하세요.

🎧 MP3 듣기

How powerful would it be
if you could build a life
that you never wanted to run away from?

만약 여러분이 결코 도망치고 싶지 않은 삶을
살 수 있다면 얼마나 강력할까요?

🎧 MP3 듣기

The next version of yourself will create
what you desire now.
Are you willing to take the next step?

당신의 다음 버전은 당신이 지금 원하는 것을 창조할 것입니다.
기꺼이 다음 단계로 가실 건가요?

🎧 MP3 듣기

Let go of what has already happened,
let the future unfold,
and let yourself live in the present.

이미 일어난 일을 버리고, 미래가 펼쳐지도록 놔두고,
현재를 살아가십시오.

🎧 MP3 듣기

We are true to ourselves
when we stop running from what we fear
and step into discomfort.

우리가 두려워하는 것으로부터의 도피를 멈추고
그 불편함에 발을 들여놓을 때 우리는 우리 자신에게 충실합니다.

—

Present

🎧 MP3 듣기

When we embrace our flaws,
doubts, and fear,
we are unstoppable.

우리의 결점, 의심, 두려움을 받아들일 때,
우리를 막을 수 있는 것은 없습니다.

🎧 MP3 듣기

What if everything you want
is within your reach?
What would happen
if you truly believed that?

만약 당신이 원하는 모든 것이 당신의 손에 닿는다면 어떨까요?
만약 당신이 진심으로 그것을 믿는다면 어떻게 될까요?

APRIL

—

Goal

🎧 MP3 듣기

Don't settle for less than
what you can be.
Strive for an extraordinary life.

당신이 될 수 있는 것보다 작은 것에 안주하지 마세요.
비범한 삶을 위해 노력하세요.

MP3 듣기

Imagine a future where
you've achieved all of your goals.
How proud would you be?

여러분이 모든 목표를 성취한 미래를 상상해 보세요.
얼마나 자랑스러우시겠어요?

SEPTEMBER

28

🎧 MP3 듣기

Life is not always about
positivity and motivation.
Life is also about having
an imperfect human experience.

인생은 항상 긍정과 동기 부여에 관한 것은 아닙니다.
인생은 또한 불완전한 인간 경험을 하는 것입니다.

🎧 MP3 듣기

To achieve all of your goals,
pick one goal at a time.
Do one task at a time.

여러분의 모든 목표를 달성하기 위해서, 한 번에 한 가지 목표를 선택하세요.
한 번에 하나의 작업을 수행하세요.

🎧 MP3 듣기

Whether in darkness or light,
you are not alone.
People from all walks of life, just like you,
are in the same place.

어둠 속에서든 빛 속에서든, 여러분은 혼자가 아닙니다.
당신과 같은 모든 계층의 사람들이 같은 장소에 있습니다.

Making decisions is a huge part
of getting things done.
Decide what to prioritize and honor it.

결정을 내리는 것은 일을 완수하는 데 있어 큰 부분을 차지합니다.
우선순위를 정하고 이를 준수하십시오.

26

🎧 MP3 듣기

It's not greedy to desire many things.
It just means you are passionate.

많은 것을 욕망하는 것은 욕심이 아닙니다.
그것은 단지 여러분이 열정적이라는 것을 의미합니다.

04

🎧 MP3 듣기

Willpower alone is not enough
to change your habits.
You must shift your identity.
Think and feel like the person you wish to be.

의지력만으로는 습관을 바꿀 수 없습니다. 당신은 정체성을 바꿔야 합니다.
여러분이 되고 싶은 사람처럼 생각하고 느껴 보세요.

SEPTEMBER

25

MP3 듣기

You can either believe there's nothing
you can do, or believe that
you are brilliant, gifted, and resourceful.

여러분은 여러분이 할 수 있는 것이 아무것도 없다고 믿거나,
여러분이 똑똑하고, 재능 있고, 문제 해결 능력이 뛰어나다고 믿을 수 있습니다.

 MP3 듣기

Take big steps to get
what you truly desire.
Commit to act massively
and fail massively until you get it.

여러분이 진정으로 원하는 것을 얻기 위해 큰 조치를 취하세요.
이를 달성할 때까지 엄청나게 행동하고, 실패하는 것에 전념하세요.

24

🎧 MP3 듣기

Sadness, pain, and anxiety are not a part of you.
They are feelings that come and go.

슬픔, 고통, 불안은 당신의 일부가 아닙니다.
그것들은 오고 가는 감정입니다.

When we ask negative questions,
we get poor answers.
When we ask high-quality questions,
we get great answers.

우리가 부정적인 질문을 할 때, 우리는 형편없는 대답을 얻습니다.
우리가 품격 있는 질문을 할 때, 우리는 훌륭한 대답을 얻습니다.

SEPTEMBER
23

🎧 MP3 듣기

When you refuse to feel
doubt, uncertainty, or fear,
you may also miss out on
life-changing opportunities.

당신이 의심, 불확실성, 두려움을 느끼기를 거부할 때,
여러분은 인생을 바꿀 수 있는 기회를 놓칠 수도 있습니다.

MP3 듣기

You can do whatever it is
that you deeply want.
You are powerful.
Give yourself a chance.

당신은 당신이 간절히 원하는 것은 무엇이든 할 수 있습니다.
당신은 강력해요. 자신에게 기회를 주세요.

🎧 MP3 듣기

The key to loving your life is
not to avoid negative consequences,
but to follow positive results.

당신의 삶을 사랑하는 열쇠는 부정적인 결과를 피하는 것이 아니라
긍정적인 결과를 따르는 것입니다.

08

🎧 MP3 듣기

If you forget your "why,"
think about how your life will change
once you reach your goal.

나만의 이유를 잊어버렸다면,
목표에 도달했을 때 나의 삶이 어떻게 변화할지 생각해 보세요.

🎧 MP3 듣기

People feel alive when they do things
not because they have to,
but because they genuinely want to.

사람들은 그들이 해야 하기 때문이 아니라,
그들이 진정으로 원하기 때문에 무언가를 할 때 살아 있음을 느낍니다.

09

🎧 MP3 듣기

What if you knew for sure
that you would succeed?
Would you give up in the process?

만약 당신이 성공할 것이라는 것을 확실히 안다면 어떨까요?
그 과정에서 포기하실 건가요?

🎧 MP3 듣기

You might feel ashamed
when you step out of your comfort zone.
But it's worth it every single time.

여러분은 편안한 곳에서 나올 때 부끄러움을 느낄 수도 있습니다.
하지만 이것은 매번 가치가 있습니다.

🎧 MP3 듣기

It's not always the best people
that get opportunities.
It's the people who believe in themselves
and give zero excuses when taking action.

항상 최고의 사람들이 기회를 얻는 것이 아닙니다.
행동을 취할 때 자기 스스로를 믿고 변명을 전혀 하지 않는 사람들이 기회를 얻습니다.

19

🎧 MP3 듣기

If you're jealous, shift your focus.
Focus on your growth.
Water your own garden.

만약 질투가 나면, 초점을 바꾸세요.
성장에 집중하세요. 자신의 정원에 물을 주세요.

🎧 MP3 듣기

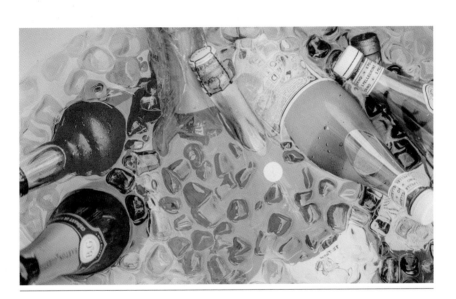

Feeling inadequate doesn't help you.
The key to taking massive action
is feeling abundant.

부족함을 느끼는 것은 당신에게 도움이 되지 않습니다.
엄청난 행동을 취하는 비결은 풍요로움을 느끼는 것입니다.

🎧 MP3 듣기

When you are open to
feeling scared, rejected, or uncomfortable,
your life becomes much simpler and more alive.

여러분이 두려움, 거부감, 불편함에 열린 마음일 때,
여러분의 삶은 훨씬 더 단순해지고, 훨씬 생명력이 더 해집니다.

Trust yourself and trust the process.
There are only benefits to doing this.

당신 자신을 믿고 그 과정을 믿으세요.
이렇게 하는 것에는 좋은 점만 있습니다.

🎧 MP3 듣기

Do what matters to you.
Go above and beyond when it comes to
what you're passionate about.

당신에게 중요한 일을 하세요.
여러분이 열정을 가지고 있는 것에 대해 그 이상을 추구하세요.

Motivation is useless unless you take action. Nothing will work unless you do.

당신이 행동을 취하지 않는 한 동기부여는 소용이 없습니다.
당신이 하지 않으면 아무것도 효과가 없습니다.

🎧 MP3 듣기

If you believe all relationships are
perfect the way they are,
you can finally accept that some relationships
only last for a short period of time.

모든 관계가 있는 그대로 완벽하다고 믿는다면
결국 어떤 관계는 짧은 시간 동안만 지속된다는 것을 받아들일 수 있습니다.

14

🎧 MP3 듣기

Achieving our goals doesn't make us
any more valuable than we are now.
We achieve our goals because we are capable.

목표를 달성하는 것이 우리를 지금의 우리보다 더 가치 있게 만들지는 않습니다.
우리는 능력이 있기 때문에 목표를 달성합니다.

🎧 MP3 듣기

Feeling bored and frustrated is
completely normal.
Let yourself feel bored and still move forward.

지루하고 좌절감을 느끼는 것은 완전히 정상입니다.
지루함을 느끼면서도 앞으로 나아가세요.

There are two trophies in this race.
Who you become in the process,
and what you get as a by-product.

이 경주에는 두 개의 트로피가 있습니다.
하나는 그 과정에서 여러분이 되는 사람이고,
다른 하나는 부산물로 여러분이 얻는 것입니다.

🎧 MP3 듣기

No one can do your work better than you.
With your special gift, you heal and inspire
others to be the best version of themselves.

당신보다 당신의 일을 더 잘할 수 있는 사람은 없습니다.
여러분의 특별한 재능으로, 여러분은 다른 사람들을 치유하고,
그들이 그들 자신에 대한 최고의 버전이 되도록 영감을 줍니다.

"Belief" comes before "how."
Know-how doesn't get you there,
but believing hard will.

"어떻게"보다 "믿음"이 먼저입니다.
노하우가 당신을 그곳까지 데려다주지 못합니다.
하지만 강한 믿음은 나를 데려다줄 것입니다.

🎧 MP3 듣기

Are you running away from something
or running toward something?
Do you like your answer?

당신은 무언가로부터 도망치고 있나요, 아니면 무언가를 향해 달리고 있나요?
당신의 대답이 마음에 드나요?

MP3 듣기

Revisit all of your achievements
and ask yourself:
What made these things possible in my life?

모든 성과를 다시 확인하고 스스로에게 물어보세요.
제 인생에서 이것들을 가능하게 해 준 것은 무엇이었을까요?

🎧 MP3 듣기

What makes you comfortable
doesn't change you.
It's what makes you uncomfortable
that changes you to be better.

당신을 편안하게 해 주는 것이 당신을 바꾸지 않습니다.
당신을 불편하게 만드는 것이 당신을 더 낫게 만듭니다.

Don't use your shortcomings as an excuse to not go after what you truly desire.

여러분의 단점을 여러분이 진정으로 원하는 것을
추구하지 않는 구실로 사용하지 마세요.

SEPTEMBER
11

🎧 MP3 듣기

You are never "too old"
or "too young" to go after
what you are passionate about.

여러분은 결코 여러분이 열정을 가지고 있는 것을 추구하기에
나이가 너무 많거나 너무 어리지 않습니다.

🎧 MP3 듣기

What is it that you truly want?
What's holding you back from it?

당신이 진정으로 원하는 것은 무엇인가요?
무엇이 그것을 망설이게 하나요?

🎧 MP3 듣기

You are not here to just be "safe."
You are here to create and influence.

여러분은 단지 "안전"하기 위해 여기에 있는 것이 아닙니다.
여러분은 창조하고 영향을 주기 위해 여기 있습니다.

20

🎧 MP3 듣기

Don't let spectators' comments discourage you. They have no idea what's best for you.

지켜만 보는 사람들의 말에 낙담하지 마세요.
그들은 당신에게 무엇이 최선인지 전혀 모릅니다.

🎧 MP3 듣기

Say yes to the challenge.
Say yes to new possibilities.

도전에 응하세요.
새로운 가능성에 응하세요.

21

🎧 MP3 듣기

Look around and see
who's building the life you want.
They are there to tell you
that you can do it, too.

주위를 둘러보고 누가 당신이 원하는 삶을 만들고 있는지 보세요.
그들은 여러분들도 할 수 있다고 말하기 위해 그곳에 있습니다.

08

🎧 MP3 듣기

You are more than
what happened to you.
Your past doesn't define your future.

당신은 당신에게 일어난 일 그 이상이에요.
당신의 과거가 당신의 미래를 정의하지 않습니다.

Choosing to be positive is great.
However, choosing to be effective is
the best way to reach your goals.

긍정적이 되는 것을 선택하는 것은 좋습니다.
하지만 효과적이기를 선택하는 것은 여러분의 목표에 도달하는 가장 좋은 방법입니다.

🎧 MP3 듣기

Connect with your people.
Find people who share
the same interests as you and grow together.

사람들과 교류하세요.
당신과 같은 관심사를 공유하는 사람들을 찾아서 함께 성장해 보세요.

23

🎧 MP3 듣기

There's no shortcut to
creating phenomenal results.
Expect it to be difficult, and do it anyway.

놀라운 결과를 만드는 지름길은 없습니다.
그것이 어려울 것이라고 예상하고, 그럼에도 하세요.

06

🎧 MP3 듣기

You are not inadequate.
You already have everything
you need to do epic things.

당신은 부족하지 않습니다.
당신은 이미 대단한 일을 하기에 필요한 모든 것을 가지고 있습니다.

There are things that you've successfully
accomplished that once seemed impossible.
You are capable.

당신은 한때 불가능해 보였던 것들을 성공적으로 성취해 냈습니다.
당신은 능력이 있습니다.

🎧 MP3 듣기

Whatever holds you back
from creating something tremendous and
putting it out in the world is just not worth it.

엄청난 것을 만들고 그것을 세상에 내놓는 것을 막는 것은
무엇이든 간에 그저 가치가 없습니다.

MP3 듣기

Are you taking action
by consuming many things?
Or are you taking action
by creating many things?

당신은 많은 것을 소비하는 행동을 하고 있나요?
아니면 많은 것을 창조해 내는 행동을 하고 있나요?

SEPTEMBER
04

MP3 듣기

You are precious. Your life is priceless.
You get to be yourself
only once in this life.

당신은 소중합니다. 당신의 삶은 값을 매길 수 없습니다.
당신은 이번 생에 단 한 번뿐인 당신 자신이 될 수 있습니다.

26

MP3 듣기

Don't underestimate
how much work you need to put in
to fulfill your goals.

당신의 목표를 달성하기 위해
해야 할 행동의 양을 과소평가하지 마세요.

03

🎧 MP3 듣기

Do you want to avoid
negative emotions all the time or
do you want to fully experience your life?

당신은 항상 부정적인 감정을 피하고 싶나요?
아니면 당신의 삶을 완전히 경험하고 싶나요?

🎧 MP3 듣기

Are you only interested in the end result?
Or do you love everything
about making it happen?

당신은 최종 결과에만 관심이 있습니까?
아니면, 그것을 가능하게 하는 모든 것을 사랑하나요?

🎧 MP3 듣기

Feeling bad is not a sign that
there's something wrong with you.
It's just part of living a human life.

기분이 나쁘다는 것은 여러분에게 문제가 있다는 것을 나타내는 징후가 아닙니다.
그것은 단지 인간 생활의 일부일 뿐입니다.

🎧 MP3 듣기

Humble people say that they were lucky,
but the truth is, no one has ever reached
their goals by simple luck.

겸손한 사람들은 운이 좋았다고 하지만
사실은 단순히 운으로 자신의 목표에 도달한 사람은 아무도 없습니다.

🎧 MP3 듣기

Let yourself be free to be human.
Allow yourself to have every color of
human emotion with love and strength.

자유롭게 사람이 되십시오.
사랑과 힘으로 인간 감정의 모든 색을 갖도록 허락하세요.

29

🎧 MP3 듣기

If you are struggling to finish
what you've started, set a deadline.
Give yourself the urgency to get it done.

만약 여러분이 시작한 것을 끝내려고 애쓰고 있다면, 마감일을 정하세요.
그 일을 끝내야 하는 절박함을 스스로에게 주세요.

—

Aliveness

30

🎧 MP3 듣기

If you are not executing your plans, your goal will only exist in your mind.

계획을 실행하지 않을 경우,
당신의 목표는 오직 마음속에만 존재할 것입니다.

🎧 MP3 듣기

Your perspective changes your whole mood.
Your mood changes
what you create in your reality.

당신의 관점은 당신의 전체 기분을 변화시킵니다.
여러분의 기분은 여러분이 현실에서 만들어 내는 것을 바꿉니다.

—

Becoming

30

🎧 MP3 듣기

Every thought is a choice.
Every feeling is a choice.
You can choose differently.

모든 생각은 선택입니다. 모든 감정은 선택입니다.
선택을 다르게 하세요.

🎧 MP3 듣기

Sometimes you may feel like no one has your back.
You're on your own.
This is a very powerful moment.

때로는 아무도 당신을 지지해 주지 않는다고 느낄지도 모릅니다.
당신은 혼자라고요. 이를 느끼는 것은 매우 강력한 순간입니다.

🎧 MP3 듣기

Believe that you already
know the answers to your questions.
It'll help you to tap into your wisdom.

자신의 질문에 이미 답을 갖고 있다고 믿으세요.
당신의 지혜를 발휘하는 데 도움이 될 겁니다.

🎧 MP3 듣기

Imagine how unstoppable you'd be
if you could only focus on
becoming the best version of yourself.

당신의 최고의 모습이 되는 데에만 집중했을 때
당신이 얼마나 무적이 될지 상상해 보세요.

28

MP3 듣기

Never be the person who complains.
Be the person who makes the change.

불평하는 사람이 되지 마세요.
변화를 만드는 사람이 되세요.

🎧 MP3 듣기

The point is not to eliminate discomfort.
The point is to grow bigger
than the challenges.

핵심은 불편함을 없애는 것이 아닙니다.
어려움보다 더 성장하는 것이 핵심입니다.

27

🎧 MP3 듣기

Taking action without making a decision
may be the reason why
you want to blame others for the results.

결심 없이 행동을 취하는 것은
결과에 대해 다른 사람들을 비난하고 싶기 때문일 수 있습니다.

🎧 MP3 듣기

Decide who you want to become.
Decide how you want to be remembered.

어떤 사람이 되고 싶은지 결정하세요.
어떻게 기억되고 싶은지 결정하세요.

🎧 MP3 듣기

Some people limit their lives
by deciding from their past experience.
Some people expand their lives
by deciding from their possible future.

어떤 사람들은 과거의 경험으로 결정함으로써 자신의 삶을 제한합니다.
어떤 사람들은 가능성 있는 미래로부터 결정함으로써 자신의 삶을 확장합니다.

🎧 MP3 듣기

Trying to change others is
a waste of your energy.
Use all your energy to elevate your value.

다른 사람들을 바꾸려고 하는 것은 여러분의 에너지를 낭비하는 것입니다.
당신의 가치를 높이기 위해 모든 에너지를 사용하세요.

🎧 MP3 듣기

Don't make a decision out of fear.
Make a decision that is aligned
with your values and desires.

두려움 때문에 결정을 내리지 마세요.
여러분의 가치관과 욕망에 맞는 결정을 내리세요.

MP3 듣기

You never have to prove yourself to anyone.
Remind yourself that you are doing
hard things only for yourself.

당신은 누구에게도 자신을 증명할 필요가 없습니다.
당신은 오직 자신을 위해 힘든 일을 하고 있다는 것을 상기시키세요.

Stop saying "I don't know."
Instead, say, "I can always search for
all the information I need."

"모르겠어요."라고 말하지 마세요.
대신, "내가 필요한 모든 정보를 언제든지 검색할 수 있어."라고 말하세요.

When you need wisdom,
ask this question:
"What would the best version of myself do?"

지혜가 필요할 때, 이 질문을 해 보세요.
"최상의 버전의 나는 과연 어떻게 했을까?"

🎧 MP3 듣기

If you are debating between two options,
know that you have the power to make
the best outcome either way.

만약 당신이 두 가지 선택지 사이에서 토론하고 있다면,
어떤 선택이든 최상의 결과를 얻을 수 있는 힘을 가지고 있다는 것을 알아 두세요.

🎧 MP3 듣기

Don't lower your goals to feel better.
Elevate yourself to achieve your goals
and feel good doing it.

기분이 나아지려고 목표를 낮추지 마세요.
당신의 목표를 달성하기 위해 자신을 높이고 그것을 하는 것에 좋은 기분을 느끼세요.

The worst decision you can make is no decision,
while justifying all the reasons
why you can't move forward.

여러분이 내릴 수 있는 가장 안 좋은 결정은
여러분이 앞으로 나아갈 수 없는 모든 이유를 정당화하면서, 결정하지 않는 것입니다.

🎧 MP3 듣기

No one can stop you from getting
what you truly desire.
Nothing can stand in your way of becoming
the person you're meant to be.

아무도 당신이 진정으로 원하는 것을 얻는 것을 막을 수 없습니다.
그 무엇도 당신의 원하는 모습이 되는 것을 방해할 수 없습니다.

🎧 MP3 듣기

Our results are created
by our thoughts and actions,
not by a single decision.

우리의 결과는 우리의 생각과 행동에 의해 만들어집니다.
단 한 번의 결정으로 만들어지는 것이 아닙니다.

MP3 듣기

Luck can't define your future.
It's up to you to decide
how much power it will have over your life.

행운이 당신의 미래를 정의할 수 없습니다.
행운이 당신의 인생에 얼마나 작용할지는 당신에게 달려 있습니다.

Instead of doing nothing and worrying,
come up with a strategy.
Don't let anything stop you.

아무 일도 하지 않고 걱정만 하는 것 대신에 전략을 짜세요.
어떤 것도 당신을 막게 하지 마세요.

11

🎧 MP3 듣기

B⁻ is the new excellence.
B⁻ is always better than quitting.
Commit to getting things done no matter what.

B⁻는 새로운 탁월함입니다. B⁻는 포기하는 것보다 항상 낫습니다.
무슨 일이 있어도 목적을 달성하겠다고 약속하세요.

🎧 MP3 듣기

Make a decision to give yourself
whatever it is that you desire.
You are the only one who can give you
what you truly want.

여러분이 원하는 것이 무엇이든 간에 여러분 자신에게 주는 결정을 내리세요.
당신이 진정으로 원하는 것을 줄 수 있는 사람은 당신뿐입니다.

What does your future self
believe about your goals?
What does your future self
think about setbacks?

당신의 미래 모습은 당신의 목표에 대해 어떤 믿음을 갖고 있을까요?
당신의 미래 모습은 당신의 좌절에 대해 어떻게 생각할까요?

🎧 MP3 듣기

Your job is not to make
the right decision every single time.
Your job is to make the decision
and make it right.

당신의 일은 매번 옳은 결정을 내리는 것이 아닙니다.
여러분의 일은 결정을 내리고, 그것을 바로잡는 것입니다.

🎧 MP3 듣기

Train yourself to do
hard and boring things.
You will continue to grow and expand.

어렵고 지루한 일을 하는 것을 연습하세요.
당신은 계속 성장하고 확장될 될 겁니다.

Sometimes thinking deeply doesn't make
it easier to make a decision.
Thinking clearly does.

때때로 깊이 생각하는 것이 결정을 더 쉽게 만들지는 않습니다.
명확하게 생각하는 것이 그렇습니다. (결정을 더 쉽게 만듭니다.)

14

If you can look at the problems in life
as opportunities for you to evolve and grow,
nothing will break you down.

만약 삶의 모든 문제를 당신이 진화하고 성장하는 기회로 바라본다면,
그 무엇도 당신을 무너뜨릴 수 없습니다.

🎧 MP3 듣기

Develop your ability to hold negative feelings.
Allowing discomfort will help
you grow exponentially.

부정적인 감정을 억누를 수 있는 능력을 키우세요.
불편함을 허용하는 것은 여러분이 기하급수적으로 성장하도록 도울 것입니다.

MAY
15

🎧 MP3 듣기

Imagine a future moment
where you've already made it happen.
Bring that future perspective
to your present situation.

이미 목표를 완성한 미래의 순간을 상상해 보세요.
그 미래의 관점을 현재 상황으로 가져오세요.

When things get tough,
make a decision
to gain better skills and wisdom.

상황이 어려워질 때,
더 나은 기술과 지혜를 얻기 위한 결정을 내리세요.

Are you determined to become
the best version of yourself no matter what?
That should always be your main focus.

무슨 일이 있어도 최상의 버전의 내가 되기로 결심하셨나요?
그것이 항상 당신의 중심이 되어야 합니다.

14

🎧 MP3 듣기

Believe that you are capable of deciding
what's best for you,
and no matter what you choose,
you can create the most wonderful result.

자신에게 가장 좋은 것을 결정할 능력이 있다고 믿으세요.
그러면 당신이 무엇을 선택하든, 가장 멋진 결과를 만들 수 있습니다.

🎧 MP3 듣기

Becoming who you want to be
doesn't always feel dreamy.
A lot of times, it feels overwhelming.

당신이 되고자 하는 사람이 되는 과정이 매번 멋진 기분만 드는 것은 아닙니다.
많은 경우, 위압감을 느끼게 됩니다.

13

🎧 MP3 듣기

Sometimes making a decision
doesn't feel so great.
It can be frightening.
And that's okay.

때때로 결정을 내리는 것이 그렇게 좋지 않게 느껴집니다.
그것(결정을 내리는 것)은 무서울 수도 있습니다. 그래도 괜찮습니다.

What if there's no such thing as a tough day?
What if there are only days
when you are getting closer to your goals?

힘든 하루 같은 것이 없다면 어떨까요?
당신이 목표에 가까워지는 날만 있다면 어떨까요?

Free yourself from everything
that is toxic to you.
Don't convince yourself
that's what you need.

여러분에게 해로운 모든 것들로부터 자신을 해방시키세요.
그게 당신에게 필요한 일이라고 스스로를 설득하지 마세요.

19

🎧 MP3 듣기

Becoming the best version of yourself is
not an automatic process.
Experience doesn't help you grow
if you don't have the intention to do it.

당신의 최고 버전이 되는 것은 저절로 되는 게 아닙니다.
그것을 하는 것에 목적이 없다면, 경험은 당신이 성장하는 데 도움이 되지 않습니다.

You can believe whatever
you want about your life.
That is a power
no one can take away from you.

여러분은 여러분의 삶에 대해 원하는 것은 무엇이든 믿을 수 있습니다.
그것은 아무도 당신에게서 빼앗을 수 없는 힘입니다.

🎧 MP3 듣기

Don't wait for
something magical to happen.
Take charge and
make miraculous things happen for you.

마법 같은 일이 일어나길 기다리지 마세요.
주도권을 갖고 행동하고 기적이 일어나도록 하세요.

🎧 MP3 듣기

How do you want to look
at the challenging part of life?
You always get to choose
what you make things mean.

인생의 도전적인 부분을 어떻게 보고 싶으세요?
당신은 항상 당신이 무엇을 의미하는지 선택할 수 있습니다.

🎧 MP3 듣기

Regardless of your failures in the past,
you can always build the life
you want with a clean slate.

과거의 실패와 상관없이, 당신은 언제나 원하는 삶을
백지에서부터 만들어갈 수 있습니다.

Try to avoid making decisions
when your mind is full of drama.
Make a decision from a clean space.

여러분의 마음이 드라마틱할 때 결정을 내리는 것을 피하도록 노력하세요.
깨끗한 공간에서 결정을 내리세요.

Put your time and energy
into making the possibility a reality.
Not the other way around.

가능성을 현실로 만드는 데 당신의 시간과 힘을 쏟으세요.
그 반대에 시간을 쏟지 마세요.

08

🎧 MP3 듣기

Give yourself a window of time to worry.
Deal with it one by one
within that limited time only.

고민할 수 있는 시간대를 마련하세요.
제한된 시간 안에만 하나씩 처리하세요.

23

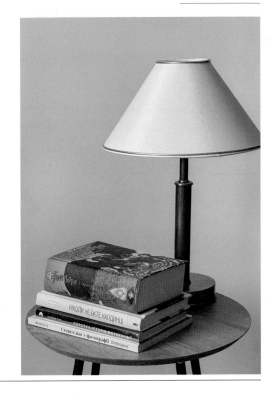

MP3 듣기

Everything worthwhile is supposed to be hard. Normalize difficulty.

가치 있는 모든 것은 어렵기 마련입니다.
그 어려움에 익숙해지세요.

AUGUST
07

🎧 MP3 듣기

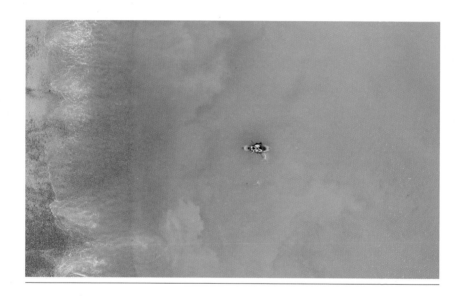

Support your decisions by trusting yourself.
Have your own back
when it comes to your choices.

여러분 자신을 신뢰함으로써 여러분의 결정을 지지하세요.
당신의 선택에 대해 당신만의 의견을 가지세요.

24

🎧 MP3 듣기

Decide to drop useless,
unwanted and outdated stories.
Believe in new stories that benefit you.

쓸모없고 반갑지 않은 구시대적 이야기는 버리세요.
당신에게 도움이 되는 새로운 이야기를 믿으세요.

06

🎧 MP3 듣기

Indecision is also a decision.
It's choosing to not feel discomfort
at the expense of your potential.

결정을 하지 못하는 것도 역시 결정입니다.
당신의 잠재력을 희생하면서 불편함을 느끼지 않는 것을 선택하는 것입니다.

🎧 MP3 듣기

Gain control of yourself by being
a curious and compassionate watcher.
Take a step back and
see what you are thinking.

호기심 많고 배려심 많은 감시자가 되어 스스로를 조절하세요.
한 발짝 물러서서 당신이 무슨 생각을 하는지 관찰해 보세요.

🎧 MP3 듣기

A decision is the first step, not the final step.
A decision itself doesn't automatically
produce an outcome.

결정은 첫 번째 단계입니다. 마지막 단계가 아닙니다.
결정만으로 결과가 자동적으로 만들어지지 않습니다.

🎧 MP3 듣기

If you want to become independent,
be intentional about what you think and say.
Don't ever put yourself in a hopeless position.

독립적이고 싶다면, 당신의 생각과 말에 의도를 세우세요.
당신을 절망적인 상황에 몰아넣지 마세요.

04

🎧 MP3 듣기

The more we make conscious decisions,
the higher chance we'll have to build the life
we truly want.

의식적인 결정을 할수록 우리가 진정으로 원하는 삶을
건설할 가능성이 더 높아집니다.

🎧 MP3 듣기

You are the author of your life, not anyone else.
You don't need anyone's permission on
what to write for your next chapter.

다른 사람이 아니라, 당신이 당신 인생의 작가입니다.
당신 인생의 다음 장에 무엇을 쓸지는 누구의 허락도 필요치 않습니다.

🎧 MP3 듣기

Make a decision to fully
take charge of your own life.
Decide that you'll no longer
stay in the passenger's seat.

본인 삶을 전적으로 책임지기로 결정하세요.
더 이상 자기 삶의 방관자가 되지 않기를 결정하세요.

28

🎧 MP3 듣기

You can rewrite your whole history;
what your life meant and
how it shaped this incredible version of you.

당신은 당신의 모든 역사를 다시 쓸 수 있습니다.
당신의 삶이 어떤 의미였는지, 당신의 멋진 모습을 어떻게 만들었는지 말입니다.

🎧 MP3 듣기

If you want to live a different life,
you've got to make different decisions.

다른 삶을 살기 원한다면,
다른 결정을 내려야 합니다.

MP3 듣기

What if nothing has gone wrong?
Maybe you are just going through this phase of
growth where you are figuring things out.

만약 아무것도 잘못되지 않았다면요?
당신은 그저 깨달아 가는 성장의 단계를 거치고 있는 것일 수도 있습니다.

🎧 MP3 듣기

Don't let others make decisions for you.
Making decisions is imperative
to living life on your own terms.

당신을 위한 결정을 다른 사람이 내리도록 하지 마세요.
결정을 내리는 것은 자신만의 방식대로 살아가는 데 필수적입니다.

30

🎧 MP3 듣기

No one can make you discouraged
unless you let them.
Refuse to give away your power to others.

당신이 허락하지 않는 한 그 누구도 당신을 주눅 들게 할 수 없습니다.
타인에게 당신의 권한을 주는 것을 거부하세요.

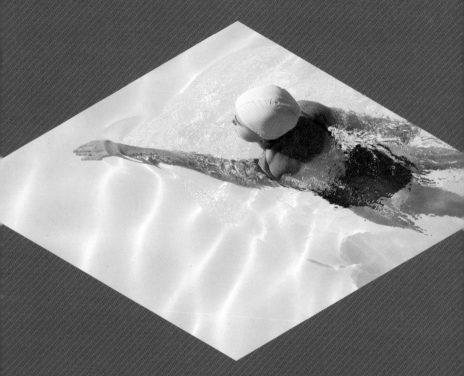

—

Decision

🎧 MP3 듣기

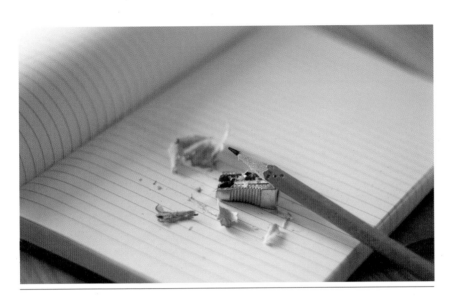

In this world, there are brilliant people
like you who always use challenges
to grow themselves.

이 세상엔 당신처럼 항상 도전을 통해
자신을 성장시키는 똑똑한 사람들이 있어요.

🎧 MP3 듣기

When you are running out of patience,
think of this:
"what if I'm on the verge of a breakthrough?"

여러분의 인내심이 바닥날 때, 이 생각을 해 보세요.
"만약 내가 돌파구 직전에 있다면요?"

Energy

30

🎧 MP3 듣기

People underestimate
what they can do within a decade.
Be patient. You can do extraordinary things.

사람들은 10년 안에 그들이 할 수 있는 것을 과소평가합니다.
인내심을 가지세요. 여러분은 놀라운 일들을 할 수 있습니다.

JUNE
01

🎧 MP3 듣기

You are not broken.
You are not lazy.
You have your own special set of superpowers.

당신은 망가지지 않습니다. 당신은 게으르지 않습니다.
당신은 자신만의 특별한 힘을 지닌 놀라운 존재입니다.

🎧 MP3 듣기

Say "no" to other peoples' timelines,
and say "yes" to your one and only,
incomparable wonderful life.

다른 사람들의 타임라인에는 "아니오"라고 말하고,
여러분의 유일하고 비교할 수 없는 멋진 인생에는 "예"라고 말하세요.

02

🎧 MP3 듣기

It is imperative to nourish yourself.
Make daily choices
that will help you flourish.

스스로를 풍요롭게 하는 것은 반드시 해야 하는 일입니다.
당신을 성장시킬 선택을 매일 하세요.

MP3 듣기

Being aware that our time here on earth is limited
can help us to reconnect with our values
and fully enjoy each day of our lives.

지구에서 우리의 시간이 제한되어 있다는 것을 아는 것은
우리가 우리의 가치관과 다시 연결되고
삶의 매일을 충분히 즐길 수 있도록 도와줄 수 있습니다.

03

🎧 MP3 듣기

The number one ingredient
for high performance is
managing your energy level on a daily basis.

높은 성과를 내기 위해 가장 필요한 것은
자신의 에너지 수준을 매일 관리하는 것입니다.

What you desire will most likely
take longer than you expect.
Give it enough time.

당신이 원하는 것은 당신이 기대하는 것보다 더 오래 걸릴 것입니다.
충분한 시간을 주세요.

🎧 MP3 듣기

Be selective about the content you consume.
Some things will suck your energy,
while some things will boost it.

당신이 소비하는 콘텐츠를 잘 선별하세요.
어떤 것은 당신의 에너지를 빼앗아 가지만, 어떤 것은 당신의 에너지를 올려 줄 것입니다.

If you don't have your own schedule,
you will end up accommodating
people who do.

만약 여러분만의 스케줄이 없다면,
여러분은 결국 스케줄이 있는 사람들을 맞추기 위해 움직일 것입니다.

05

🎧 MP3 듣기

If you are tired, don't just check on your body.
Check if your mind is rested, as well.

당신이 피곤하다면, 그저 몸만 확인하지 마세요.
당신의 마음이 쉬고 있는지도 확인해 보세요.

25

🎧 MP3 듣기

Don't say "yes" to everything.
Don't please people
at the expense of your precious time.

모든 것에 "예"라고 말하지 마세요.
당신의 소중한 시간을 낭비하면서 사람들의 비위를 맞추지 마세요.

🎧 MP3 듣기

Confusion causes you to get stuck.
Clarity causes you to propel forward.

혼란은 여러분을 정체되게 합니다.
명확함은 여러분을 앞으로 나아가게 합니다.

24

🎧 MP3 듣기

Life is too short to listen
to the lies or negative criticism
from people who don't matter to you.

거짓말이나 당신에게 중요하지 않은 사람들의
부정적인 비난을 듣기엔 삶이 너무 짧습니다.

07

🎧 MP3 듣기

Have you made your lifestyle easy
for you to feel energetic?
Or is it difficult?

당신의 라이프스타일은 에너지가 넘치는 것을 느끼기 쉽나요?
아니면 어려운가요?

23

MP3 듣기

If you don't see the value in your time,
you are not seeing
how precious you and your life is.

당신의 시간에 가치를 느끼지 못한다면,
그것은 당신과 당신의 삶이 얼마나 소중한지 알지 못하기 때문입니다.

🎧 MP3 듣기

Do you constantly listen to your inner critic that belittles you? That may be why your energy is low.

당신을 비하하는 당신의 내면의 비평에 끊임없이 귀를 기울이나요?
그것이 당신의 에너지가 낮은 이유일 수 있습니다.

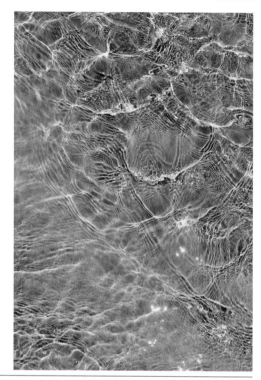

🎧 MP3 듣기

Once you realize you can make time
your ally, not your enemy,
you gain so much more control over it.

시간을 나의 적이 아닌 내 편으로 만들 수 있다는 것을 깨닫게 되면,
당신은 그것(시간)에 훨씬 주도권을 가질 수 있습니다.

09

MP3 듣기

Give generous compliments to yourself.
Tell yourself how great you are doing.

자신에게 아낌없는 칭찬을 하세요.
여러분이 얼마나 잘하고 있는지 스스로에게 말하세요.

21

🎧 MP3 듣기

Make time for the things you love, because that's what you deserve.

당신이 좋아하는 것을 하는 시간을 만드세요.
왜냐하면 당신은 그럴 자격이 있습니다.

MP3 듣기

Sometimes simple habits
are the key to higher energy.
Sleep well, exercise, and eat a healthy diet.

때때로 간단한 습관이 더 높은 에너지의 열쇠입니다.
숙면을 취하고, 운동을 하고, 건강한 식단을 먹는 것입니다.

🎧 MP3 듣기

There is not enough time
to make excuses.
Decide what you truly want and do it.

변명을 할 시간이 없습니다.
당신이 무엇을 진정으로 원하는지 결정하고 그것을 하세요.

JUNE
11

🎧 MP3 듣기

Don't be so hard on yourself.
Give yourself enough space
to recharge and heal.

스스로를 너무 힘들게 하지 마세요.
여러분 자신에게 재충전하고 치유할 수 있는 충분한 공간을 확보하세요.

🎧 MP3 듣기

We never know when our time is up.
Don't delay in living your dreams.

우리의 시간이 언제 끝나는지 알 수 없습니다.
꿈을 살아가는 것을 미루지 마세요.

12

MP3 듣기

Listen to things that will lift you up.
Expose yourself to things that will
remind you of your own strengths.

여러분의 기운을 돋우는 것들을 들으세요.
여러분 자신의 장점을 상기시킬 수 있는 것들에 여러분 자신을 노출시키세요.

🎧 MP3 듣기

If you are constantly busy
only to prove that you are worthy,
it will eventually take a toll on
your physical and mental health.

단지 당신이 가치가 있다는 것을 증명하기 위해서 계속 바쁘다면,
당신의 육체적, 정신적 건강에 결국 해로울 것입니다.

13

MP3 듣기

Power is not in the hands of critics.
Power is in the hands
of those who do the work.

힘은 비판을 하는 사람에게 있는 것이 아닙니다.
힘은 실제로 그 일을 하는 사람에게 있는 것입니다.

MP3 듣기

When it comes to living your best day,
it's not about the quantity of time.
It's about the quality.

최고의 하루를 살아가는 것은 시간의 양에 달려 있지 않습니다.
(시간의) 질에 달려 있습니다.

14

🎧 MP3 듣기

Like the ocean heals itself,
your body has the power
to heal itself as well.

바다가 스스로 치유되는 것처럼,
여러분의 몸도 스스로 치유할 수 있는 힘을 가지고 있습니다.

Planning is living your life deliberately.
Every day of your life is valuable.

계획을 세우는 것은 삶을 의도적으로 살아가는 것입니다.
당신의 삶의 하루하루는 가치 있습니다.

You are stronger than you think.
You are wiser than you think.

당신은 당신이 생각하는 것보다 더 강합니다.
당신은 당신이 생각하는 것보다 더 현명해요.

🎧 MP3 듣기

You can use time however you want.
You can either use it for yourself
or against yourself.

시간은 당신이 원하는 대로 사용할 수 있습니다. 당신은 또한 그것(시간)을
자신을 위해서 사용할 수도, 자신에게 불리하게 사용할 수도 있습니다.

 MP3 듣기

If you stay hurt because of someone,
you are choosing to give
all your power away to that person.

만약 당신이 어떤 이 때문에 계속 상처받는다면,
그것은 당신의 모든 힘을 그 사람에게 넘겨주기로 선택하고 있는 것입니다.

🎧 MP3 듣기

The secret to cherishing your relationships
is to remind yourself that
you only have limited time with them.

관계를 소중히 여길 수 있는 비결은 그들과의 시간이 제한적이라는 것을
스스로에게 상기시키는 것입니다.

🎧 MP3 듣기

It's never the people or circumstances in your life that decide your emotional state. It's your interpretation of them.

당신의 감정 상태를 결정하는 것은 결코 당신의 삶 속에 사람이나 환경이 아닙니다.
그것에 대한 당신의 해석입니다.

🎧 MP3 듣기

If you spend your time
escaping from reality,
you can also use your time to change it.

당신이 현실로부터 도망치는 데 당신의 시간을 사용한다면,
당신은 그 현실을 바꾸는 데에도 당신의 시간을 사용할 수 있습니다.

18

🎧 MP3 듣기

If you can remind yourself that
life happens for you, not against you,
nothing can stand in your way.

인생이 당신에게 맞서기 위해가 아니라 당신을 위해 일어난다는 것을
스스로에게 상기시킬 수 있다면, 아무것도 당신을 방해할 수 없습니다.

🎧 MP3 듣기

You may feel impatient about getting one thing done at a time, but it's the best way to get everything done.

일을 한 번에 하나씩 처리하는 것에 조급함을 느낄 수 있습니다.
하지만 이 방법이 모든 것을 완료하는 최고의 방법입니다.

🎧 MP3 듣기

You must push through even when it feels like
it won't make any difference.
Believe in yourself fiercely.

아무런 변화가 없을 것 같은 상황에서도 끝까지 밀고 나가야 합니다.
자신을 강하게 믿으세요.

🎧 MP3 듣기

Manage your time by respecting the schedule
you've made for yourself.
Practice honoring your plans.

당신이 스스로 만든 일정을 생각하면서 당신의 시간을 관리하세요.
자신의 계획을 존중하는 데 익숙해지세요.

20

Even in quiet and rocky places,
you are amazing and powerful.

고요함 속에서도, 바위투성이의 장소에서도
당신은 놀랍고 강력합니다.

10

🎧 MP3 듣기

Not judging your daily feelings, choices,
and actions will save you a lot of time
from worrying and procrastinating.

매일의 감정, 선택, 행동을 평가하지 않는 것은
걱정과 미루기로 인해 잃는 많은 시간을 절약해 줄 것입니다.

MP3 듣기

If you don't run away from feelings like sadness,
guilt, regret, shame, anger, or boredom,
you become much stronger.

만약 여러분이 슬픔, 죄책감, 후회, 수치심, 분노, 또는 지루함과 같은 감정으로부터
도망치지 않는다면, 여러분은 훨씬 더 강해집니다.

🎧 MP3 듣기

The main reason why we waste time is
because of unwanted feelings.
We use time to escape from them.

우리가 시간을 낭비하는 주된 이유는 원치 않는 감정 때문입니다.
우리는 감정에서 벗어나기 위해 시간을 사용합니다.

22

🎧 MP3 듣기

The worst-case scenario will not
play out in your reality.
But, even if it does, you get to
decide the ending of that scenario.

최악의 시나리오는 당신의 현실에서 일어나지 않을 것입니다.
하지만, 설령 그렇게 되더라도, 당신이 그 시나리오의 끝을 결정할 수 있습니다.

🎧 MP3 듣기

Do you want to use your energy to save time
or do you want to spend your time
according to your priorities?

시간 절약을 위해 당신의 에너지를 쓰고 싶나요,
아니면 당신의 우선순위에 따라 시간을 활용하고 싶나요?

🎧 MP3 듣기

Your feelings drive your actions.
Choose to feel focused, committed,
confident, and certain.

당신의 감정이 당신의 행동을 움직입니다.
집중력, 헌신, 자신감, 확신을 가지도록 선택하세요.

07

🎧 MP3 듣기

Managing your time is not about time.
It's about you.
It means using your time
to build the life you desire.

시간을 관리한다는 것은 시간에 관한 것이 아닙니다. 당신에 관한 것입니다.
이는 당신이 원하는 삶을 만들기 위해 당신의 시간을 활용함을 의미합니다.

JUNE
24

MP3 듣기

Stop holding on to the past.
You deserve to fully live out
all of the incredible possibilities
that are waiting for you.

과거를 붙잡지 마세요. 여러분은 여러분을 기다리고 있는
모든 굉장한 가능성들을 충분히 누릴 자격이 있어요.

If you don't rush through things
but still live every day to the fullest,
time is on your side.

일을 서두르지 않으면서 매일 최선을 다해 살고 있다면,
시간은 당신 편입니다.

🎧 MP3 듣기

The more you doubt yourself,
the more you'll hide.
The more you believe in yourself,
the more you'll accomplish.

자신을 의심하면 할수록 당신은 더 숨어 버릴 거예요.
당신이 자신을 더 많이 믿을수록, 당신은 더 많이 성취할 것입니다.

🎧 MP3 듣기

The biggest time thief is 'perfectionism.'
The true meaning behind "I'm a perfectionist."
is "I'm a procrastinator."

최고의 시간 도둑은 '완벽주의'입니다.
"나는 완벽주의자야"의 실제 의미는 "나는 굼뜬 사람이야"입니다.

🎧 MP3 듣기

If you want people to change,
instead of teaching them what to do
or giving them a lecture, inspire them.

만약 여러분이 사람들이 변하기를 원한다면, 그들에게 무엇을 해야 하는지
가르치거나 강의를 하는 대신에, 영감을 주세요.

🎧 MP3 듣기

Plan time to rest.
Schedule time
to take care of yourself.

휴식을 계획하세요.
스스로를 돌볼 일정을 만드세요.

🎧 MP3 듣기

Nothing in this world can discourage you
if you don't take things personally.

당신이 기분 나쁘게 받아들이지 않는다면
이 세상 무엇도 당신을 낙담시킬 수 없습니다.

🎧 MP3 듣기

If you stop lying to yourself about your lifestyle,
you will finally start creating
meaningful changes in your life.

당신의 삶에 대해 스스로에게 거짓말을 그만한다면,
마침내 당신 삶의 의미 있는 변화를 만들기 시작할 겁니다.

28

🎧 MP3 듣기

If you can stay calm in any situation,
you can connect and serve others
while being your best self
no matter what happens.

어떤 상황에서도 침착할 수 있다면, 무슨 일이 있어도
최고의 자신이 되면서 다른 사람들과 연결되고 도울 수 있다.

One of the most common lies is, "I don't have time."
What that really means is, "I'm not willing to
make time because it's not my priority."

가장 흔한 거짓말 중 하나는 '시간이 없다'입니다.
그것의 진짜 의미는 '그건 내 우선순위가 아니기에 시간을 내지 않겠다'입니다.

🎧 MP3 듣기

Your problem is not a problem if you are determined to make your dreams a reality.

만약 여러분이 꿈을 현실로 만들기로 결심했다면,
여러분의 문제는 문제가 아닙니다.

🎧 MP3 듣기

Time is elastic.
You can always stretch time
for the things that matter to you.

시간은 유연합니다.
당신에게 중요한 것을 하기 위한 시간은 언제든 만들 수 있습니다.

🎧 MP3 듣기

You can figure out anything in life.
Start telling truths about
what you are capable of.

당신은 인생에서 무엇이든 해결할 수 있습니다.
여러분이 할 수 있는 것에 대해 진실을 말하기 시작하세요.

—

Time